Tadpole Books are published by Jump!, 5357 Penn Avenue South, Minneapolis, MN 55419, www.jumplibrary.com

Editor: Jenna Gleisner **Designer:** Molly Ballanger **Translator:** Annette Granat

Photo Credits: Shutterstock, cover, 16; Jose Luis Pelaez Inc/Getty, 1; bonandbon/Shutterstock, 2ml, 3; Jeramey Lende/Alamy, 2mr, 2br, 4–5; New Africa/Shutterstock, 2tr, 6–7; Susan Leggett/Shutterstock, 8–9; Douglas Sacha/Getty, 2bl, 10–11; Bryan Kessinger/Dreamstime, 12–13; Yellow Dog Productions/Getty, 2tl, 14–15.

Library of Congress Cataloging-in-Publication Data
Names: Kenan, Tessa, author.
Title: El futbol americano / Tessa Kenan.
Other titles: Football. Spanish
Description: Minneapolis: Jump!, Inc., 2022. | Series: ¡Practiquemos deportes!
Includes index. | Audience: Ages 3–6
Identifiers: LCCN 2021039647 (print)
LCCN 2021039648 (ebook)
ISBN 9781636903972 (hardcover)
ISBN 9781636903989 (paperback)
ISBN 9781636903996 (ebook)
Subjects: LCSH: Football—Juvenile literature.
Classification: LCC GV950.7 .K4518 2022 (print)
LCC GV950.7 (ebook) | DDC 796.33—dc23
LC record available at https://lccn.loc.gov/2021039647
LC ebook record available at https://lccn.loc.gov/2021039648

EL FUTBOL AMERICANO

por Tessa Kenan

TABLA DE CONTENIDO

PALABRAS A SABER

anotación

balón de futbol americano

campo

cascos

compañero de equipo

tacos

¡JUGUEMOS AL FUTBOL AMERICANO!

campo de futbol americano

Vamos al campo.

tacos

Usamos tacos.

casco

Usamos cascos.

balón
de futbol
americano

El balón de futbol
americano es de
color café.

¡Él lo lanza!

¡Su compañero de equipo lo atrapa!

¡Él corre!

balón de futbol americano

El otro equipo trata de atraparlo.

¡Él corre hasta el final!

¡Anotación!
¡Logró seis puntos!

¡REPASEMOS!

Apunta abajo hacia lo que se necesita para jugar al futbol americano.

ÍNDICE